La Breve Storia dell' Olocausto

L'ascesa dell'antisemitismo nella Germania nazista, Auschwitz e il genocidio di Hitler sul popolo ebraico alimentato dal

(1941-1945)

Esclusione di responsabilità

1

Introduzione

L'**Olocausto**, chiamato anche **Shoah**, **Shoa** o **Shoah** (ebraico: השואה *Ha-Shoah*), è stata la persecuzione sistematica e il genocidio degli ebrei da parte dei nazisti e dei loro alleati prima e durante la Seconda Guerra Mondiale. Durante la dominazione della Germania nazista, furono uccisi tra i 5,1 e i 6 milioni di ebrei europei. La maggior parte delle uccisioni è avvenuta nei campi di sterminio, nelle camere a gas e nelle esecuzioni di massa da parte degli Einsatzgruppen.

Contenuti

Il termine Olocausto

Etimologia

La parola *olocausto* significa "sacrificio bruciato" e deriva dal termine greco antico ὁλόκαυστον (*holokauston*), che letteralmente significa "completamente bruciato".

Nell'antichità, questo termine designava un'offerta bruciata a una divinità. La parola *olocausto* esisteva in questo senso anche in olandese medio nel XIV secolo, ma successivamente è caduta in disuso.

Cambiamento di significato e applicazione

Secondo l'*Oxford English Dictionary,* la più antica menzione inglese della parola *holocaust* nel senso di omicidio di massa risale al 1833, quando il giornalista scozzese Leitch Ritchie, in una descrizione delle guerre del re medievale francese Luigi VII, raccontò che quest'ultimo "una volta fece un olocausto di tredici centinaia di persone in una chiesa", un omicidio di massa con il fuoco degli abitanti di Vitry-le-François nel 1142. All'inizio del XX secolo, prima della Seconda Guerra Mondiale, Winston Churchill e altri scrittori contemporanei lo usarono per riferirsi al genocidio armeno durante la Prima Guerra Mondiale. C'è un riferimento al Genocidio armeno nel titolo della poesia "L'Olocausto" (pubblicata come opuscolo nel 1922) e il libro *L'Olocausto di Smirne* (1923) parla dell'incendio e delle uccisioni di massa degli armeni.

La prima volta che la parola "olocausto" è stata applicata in inglese al genocidio nazista è stato nel 1942, ma è stato solo negli anni '50 che gli storici hanno introdotto il termine storico "l'Olocausto" (con articolo determinativo e lettera maiuscola).

Si ritiene generalmente che la serie televisiva americana *Holocaust* (del regista ebreo-americano Gerald Green), trasmessa per la prima volta negli Stati Uniti dal 16 al 19 aprile 1978 e successivamente anche in numerosi Paesi europei, abbia contribuito in modo determinante a rendere popolare il termine in questo senso nella maggior parte delle lingue, compreso l'olandese. Van Dales *Groot Woordenboek der Nederlandse Taal*, decima edizione (1976), riporta sotto la voce Olocausto solo il significato di *offerta di bruciato*.

Altri termini

In alternativa a Olocausto, il termine *Shoah* (שואה =
catastrofe, distruzione totale) è usato soprattutto dagli
ebrei. Per questo motivo, la commemorazione annuale si
chiama Yom Hashuna.

Gli stessi leader del NSDAP usarono il termine *Endlösung
der Judenfrage* (*soluzione finale della questione ebraica*),
un termine che esisteva fin dal XIX secolo, ma che
avrebbe assunto il significato di "sterminio degli ebrei
europei" solo nel corso del 1941 e che assunse una forma
più definitiva con la Conferenza di Wannsee (20 gennaio
1942).

Discussione sul conteggio delle vittime non ebree

Oltre a circa 6 milioni di ebrei, i nazisti uccisero anche circa
5 milioni di altre persone. Gli studiosi sono divisi se il
termine "Olocausto" debba essere applicato a tutte le
vittime degli omicidi di massa nazionalsocialisti: alcuni lo
usano come sinonimo di Shoah o Endlösung der
Judenfrage, mentre altri vogliono includere l'omicidio di
Rom e Sinti (zingari), polacchi e altri slavi, la morte di
prigionieri di guerra sovietici, omosessuali, testimoni di
7

Geova, disabili, handicappati mentali e oppositori politici. Ciò solleva anche la questione se considerare l'intero periodo dal 1933 al 1945 o solo il periodo di guerra dopo il 1939 e soprattutto il 1941.

- **Contro: lo** storico ceco-israeliano Yehuda Bauer sostiene che l'Olocausto dovrebbe riguardare solo gli ebrei, perché i nazisti avrebbero voluto sterminare completamente solo gli ebrei e non gli altri gruppi.

Il conteggio delle vittime non ebree dei nazisti nell'ambito dell'Olocausto è rifiutato da diverse figure come il sopravvissuto ebreo all'Olocausto Elie Wiesel e da organizzazioni come Yad Vashem, un'istituzione statale israeliana a Gerusalemme creata nel 1953 per commemorare le vittime dell'Olocausto.

Secondo loro, la parola originariamente si riferiva allo sterminio degli ebrei e l'Olocausto ebraico è stato un crimine di tale portata, totalità e specificità e il culmine di una lunga storia di antisemitismo europeo, che non dovrebbe essere collocato in una categoria generale con gli altri crimini dei nazisti.

- **Pro: Lo** storico britannico Michael Burleigh e lo storico tedesco Wolfgang Wippermann sostengono che, sebbene tutti gli ebrei siano stati vittime, l'Olocausto ha superato i confini della comunità ebraica: altre persone hanno condiviso il tragico destino della vittimizzazione.

  L'ex ministro ungherese per gli Affari dei Rom, László Teleki, applica il termine *Olocausto* sia all'assassinio degli ebrei che dei Rom da parte dei nazisti e dei loro alleati. In *The Columbia Guide to the Holocaust, gli* storici statunitensi Donald Niewyk e Francis Nicosia usano il termine per indicare ebrei, zingari e disabili.

  Lo storico statunitense Dennis Reinhartz ha affermato che gli zingari sono stati le principali vittime del genocidio in Croazia e Serbia durante la Seconda Guerra Mondiale e per questo lo ha definito "l'Olocausto dei Balcani 1941-1945".

Numero di vittime

Ampiezza della definizione, indagini e stime

Il numero esatto delle vittime non è noto; sono state fatte diverse stime sulla base delle prove disponibili. Il numero totale dipende principalmente da quale definizione di "Olocausto" viene utilizzata.

Secondo Donald Niewyk e Francis Nicosia, il termine è solitamente definito come l'omicidio di massa di oltre cinque milioni di ebrei europei.

Tuttavia, si dice anche che "non tutti trovano questa definizione del tutto soddisfacente".

Secondo lo storico britannico Martin Gilbert, il numero totale delle vittime è di poco inferiore ai sei milioni - circa il 78% dei 7,3 milioni di ebrei presenti nell'Europa occupata all'epoca.

Timothy D. Snyder ha scritto che "il termine Olocausto viene talvolta utilizzato in due modi diversi: per tutti i programmi di uccisione tedeschi durante la guerra o per qualsiasi forma di oppressione degli ebrei da parte del regime nazista". Wichert ten Have e Maria van Haperen dell'Istituto NIOD per gli studi sulla guerra, l'olocausto e i genocidi hanno sostenuto che lo scopo dell'Olocausto era "uccidere gli ebrei europei e distruggere il popolo ebraico in quanto tale", ma hanno aggiunto che "altri autori

sostengono che anche altri gruppi perseguitati, come i rom, dovrebbero essere considerati vittime dell'Olocausto".

In una definizione più ampia rientrano anche i due o tre milioni di prigionieri di guerra sovietici morti a causa dei maltrattamenti subiti a causa delle politiche razziste naziste, i due milioni di polacchi di etnia non ebraica uccisi dalle condizioni dell'occupazione nazista, i 90.000-220.000 rom, i 270.000 rom e gli altri.000 disabili mentali e fisici nel programma eugenetico tedesco, da 80.000 a 200.000 massoni, da 20.000 a 25.000 sloveni, da 5.000 a 15.000 omosessuali, da 2.500 a 5.000 testimoni di Geova e 7.000 repubblicani spagnoli, il che porterebbe il bilancio delle vittime a circa 11 milioni.

La definizione più ampia includerebbe anche sei milioni di cittadini sovietici morti a causa della fame e delle malattie causate dalla guerra, portando il bilancio delle vittime a 17 milioni. Un progetto di ricerca condotto dal 2000 al 2013 dal Museo Memoriale dell'Olocausto degli Stati Uniti ha stimato che da 15 a 20 milioni di persone in tutta Europa sono morte o sono state confinate in campi o in altre condizioni.

Ci sono anche differenze di opinione sulla periodizzazione. Microsoft Encarta sostiene che l'Olocausto sia avvenuto dalla Machtergreifung del 30 gennaio 1933 al V-day dell'8 maggio 1945 (resa della Germania), da dividere in due periodi: dal gennaio 1933 al settembre 1939 (esclusione sociale degli ebrei) e dal settembre 1939 al maggio 1945 (annientamento totale degli ebrei).

Altri sostengono che l'Olocausto sia iniziato solo nell'autunno del 1941, quando i nazisti hanno effettivamente proceduto all'uccisione di massa degli ebrei.

Vittime ebree

Secondo le stime più attendibili, il numero totale di ebrei uccisi si aggira tra i 5,1 e i 6 milioni.

Vittime non ebree del regime nazista

Oltre agli ebrei, vennero uccisi, sistematicamente o meno, anche altri gruppi come omosessuali, esperantisti, zingari, persone "economicamente indegne", russi, polacchi etnici, disabili, testimoni di Geova, liberi ricercatori biblici, sindacalisti, massoni, comunisti, repubblicani spagnoli, serbi, quaccheri e persone che si opponevano ai nazisti. Il

13

numero totale di non ebrei assassinati è stimato tra i 5 e gli 11 milioni di persone.

Sfondo

Toedracht

Il motivo esatto per cui i nazisti e i loro alleati procedettero all'omicidio di massa di ebrei, omosessuali, zingari e persone "economicamente indegne" come i disabili fisici e mentali, e come la popolazione civile abbia in gran parte accettato, è oggetto di dibattito.

Questo è stato sostenuto, tra gli altri, da Daniel Goldhagen nel suo libro *Hitler's willing executioners*. Ciò che è chiaro è che il feroce antisemitismo di Adolf Hitler è stato il "motore" che ha reso il nazionalsocialismo colpevole di pulizia etnica o genocidio.

Un genocidio su così vasta scala fu possibile solo perché una serie di fattori erano in gioco contemporaneamente in alcune parti d'Europa, soprattutto in Germania:

- La presenza o l'insediamento stabile di una dittatura senza controllo o separazione disponibile dei vari poteri dello Stato.

- Antisemitismo latente e talvolta virulento, geograficamente diffuso e fortemente radicato nella cultura cristiana europea.

La preparazione dell'Olocausto

Alla fine della Prima Guerra Mondiale, l'economia dell'Impero tedesco era esausta e l'esercito era sull'orlo del collasso. Alla fine, soldati e operai scatenarono la Rivoluzione di novembre, deponendo l'imperatore e dichiarando la Repubblica di Weimar. Il governo provvisorio socialdemocratico concluse prima un armistizio e poi il Trattato di Versailles con gli Alleati.

Milioni di tedeschi si sentirono profondamente umiliati per aver perso la battaglia. Per sviare la responsabilità della sconfitta, i vertici dell'esercito tedesco inventarono la leggenda di Dolkstoot, secondo la quale l'esercito tedesco non aveva affatto perso la guerra, ma era stato tradito dai marxisti.

Poiché Karl Marx era un ebreo, Hitler riteneva che il marxismo fosse una cospirazione ebraica e che quindi l'umiliazione della Germania fosse colpa degli ebrei. Nel *Mein Kampf* (1924), sostenne che la guerra non sarebbe stata persa se i tedeschi avessero sottoposto "dodici o quindicimila di questi mendicanti ebrei a qualche attacco di gas velenoso".

L'antisemitismo e l'antinomismo erano sempre stati parte del programma del partito NSDAP, nel quale le idee di Hitler giocavano un ruolo sempre più importante. L'antisemitismo fu ulteriormente alimentato dall'iperinflazione postbellica del 1919-23, a causa dell'idea che gli ebrei fossero spesso presenti nel mondo bancario e degli affari.

Non solo Hitler, ma anche molti leader del suo partito erano antisemiti. Julius Streicher era in cima alla lista con il suo giornale di partito radicale *Der Stürmer*: a volte le sue idee erano un po' troppo anche per i nazisti. I nazisti consideravano gli ebrei come "bacilli" che "ammalavano" e "minavano" la nazione tedesca.

Quando Adolf Hitler salì al potere nel 1933, nel Paese c'era sicuramente un antisemitismo latente, che fu sfruttato dalla NSDAP e dalle SA. Ma non si trattava certo dello stesso antisemitismo del NSDAP. L'antisemitismo in Germania era piuttosto di natura economica e non arrivava certo a voler sterminare o eliminare gli ebrei. Molti ebrei si integrarono nella società tedesca e quindi non furono più visti come ebrei.

L'antisemitismo del NSDAP fu influenzato principalmente dall'antisemitismo in Austria e nei Sudeti, che era molto più radicale. Hitler stesso aveva vissuto per anni a Vienna, dove i parlanti tedeschi si sentivano minacciati dalla crescente presenza di parlanti non tedeschi e di ebrei.

Qui emersero gruppi che sostenevano l'esistenza di una "razza ebraica" inferiore alla "razza germanica" e che "minavano" questa razza e la sua purezza. Questo era l'antisemitismo promosso dal NSDAP, che già nel XIX secolo sosteneva soluzioni più radicali.

Le leggi razziali di Norimberga

La strada verso l'Olocausto/Shoa è iniziata con le molestie sponsorizzate dal governo e dal partito da parte di elementi radicali. Queste molestie comprendevano rimproveri, ridicolizzazioni, molestie e talvolta omicidi. Quando le cose sono diventate eccessive, è stato effettuato un "intervento" dall'alto, dopo il quale il governo ha "placato" i radicali con misure antisemite per "prevenire ulteriori violenze". Tutto ciò culminò nelle "Leggi di Norimberga" del 1935.

Questo comprendeva un pacchetto di misure discriminatorie e regolamenti che stabilivano chi fosse o meno tedesco o ebreo. Queste nuove leggi privarono gli ebrei dei loro diritti civili e vietarono i matrimoni tra ebrei e non ebrei. Negli anni Trenta, il partito nazista era molto popolare e l'antisemitismo era "preso alla lettera", anche da chi non era antisemita.

Inoltre, si presumeva che l'ideologia si sarebbe indebolita nel tempo, ora che la NSDAP governava, cosa che sembrò effettivamente accadere durante le Olimpiadi del 1936. Tuttavia, la NSDAP aveva deliberatamente interrotto le

molestie per mantenere le apparenze durante i Giochi.
Dopo il 1936, le misure e le vessazioni continuarono
ancora.

Il 10 novembre 1938, dopo l'assassinio di Vom Rath, ebbe
luogo la Reichskristallnacht, o Kristallnacht in breve.
Migliaia di uomini delle SA in borghese hanno fatto
irruzione nelle case e nei negozi degli ebrei, hanno
appiccato il fuoco nelle sinagoghe e hanno picchiato gli
ebrei.

Questo ha portato all'esclusione degli ebrei dall'economia
e all'imposizione di una multa di 1 miliardo di marchi alla
comunità ebraica, poiché, secondo il governo, gli ebrei
erano gli istigatori. Le critiche straniere furono parate
dicendo che si trattava di una manifestazione della sana
opinione popolare, "Gesundes Volksempfinden".

La "soluzione"

Durante gli anni Trenta e i primi anni Quaranta, i nazisti si consultarono ampiamente e impiegarono varie strategie per trovare e ottenere una "soluzione alla questione ebraica".

Questi si dividono grosso modo in assimilazione, emigrazione, deportazione e sterminio. Come gli altri tre, lo sterminio è stato preso in considerazione, ma a lungo considerato indesiderabile o impraticabile. Solo quando gli altri piani fallirono, questa divenne la *soluzione finale* (*Endlösung*) nel 1941.

Migrazione

Negli anni 1938-1941 si stava lavorando a una soluzione che prevedeva l'invio degli ebrei in una determinata area. Un'opzione era la Palestina britannica, un'altra il Madagascar.

Soprattutto dopo la vittoria sulla Francia, molti nazisti avrebbero aderito al piano Madagascar, ma questo non era realizzabile finché la guerra fosse durata. La Marina britannica controllava il mare e i tedeschi non osavano esercitare troppa pressione sui francesi per far loro cedere la colonia.

L'occupazione finale dell'isola da parte delle truppe alleate fece sì che questo piano scomparisse definitivamente dall'agenda. Un ulteriore passo verso il genocidio fu l'idea di usare gli ebrei come ostaggi per tenere gli Stati Uniti fuori dalla guerra.

L'attacco all'Unione Sovietica aprì nuove possibilità ai filosofi nazisti. Ora potrebbero inviare tutti gli ebrei della Grande Germania e dei suoi satelliti in Siberia, dove verrebbero "cremati".

Dopo tutto, se avessero avuto "troppa facilità", gli ebrei avrebbero potuto rappresentare una minaccia in un nuovo Stato ebraico.

Pertanto, secondo i nazisti, era meglio che morissero. I primi campi per ebrei sorsero a est, ma dopo la sconfitta di Mosca sembrò che l'opzione di deportare gli ebrei in territorio sovietico non fosse praticabile per il momento.

L'Ha'avara-Abkommen (Ha'avara in ebraico significa trasferimento; Abkommen in tedesco significa accordo) è

24

un accordo concluso il 25 agosto 1933, dopo tre mesi di negoziati, tra l'Agenzia Ebraica, la Vereinigung für Deutschland sionista e il Ministero tedesco dell'Economia. Questo accordo stabiliva come i tedeschi ebrei che volevano emigrare in Palestina potessero portare con sé parte dei loro beni.

Ghetti

Nel frattempo, nella Polonia occupata, i governatorati dell'est, come il Wartheland e Danzica-Prussia occidentale, iniziarono a rendere i loro governatorati "Judenrein" (privi di ebrei) deportando gli ebrei nel General-Gouvernment (il nuovo Stato polacco di iniziativa tedesca). I nuovi gouwen erano visti come un'opportunità per creare una società nazista ideale.

Questo includeva naturalmente la "rimozione" degli "elementi indesiderabili", compresi gli ebrei. Si sviluppò una certa competizione tra i capi gilda per stabilire chi avesse la gilda più nazificata.

Si crearono così dei ghetti nelle principali città polacche: complessi abitativi delimitati e sovraffollati in cui gli ebrei erano costretti a vivere nelle condizioni più insalubri.
25

Omicidio

Lo sterminio o l'eliminazione erano sempre più visti come l'opzione migliore; inoltre, deportare e imprigionare gli ebrei costava denaro e cibo. Sono stati presi in considerazione diversi modi. Sparare a morte "costava troppi proiettili" e inoltre era "mentalmente troppo stressante" per i boia. Era stato preso in considerazione anche l'uso di esplosivi, ma questo portava a spargere parti di corpi qua e là, con il rischio di provocare malattie nervose tra il personale del campo. La gassificazione è stata vista come una soluzione.

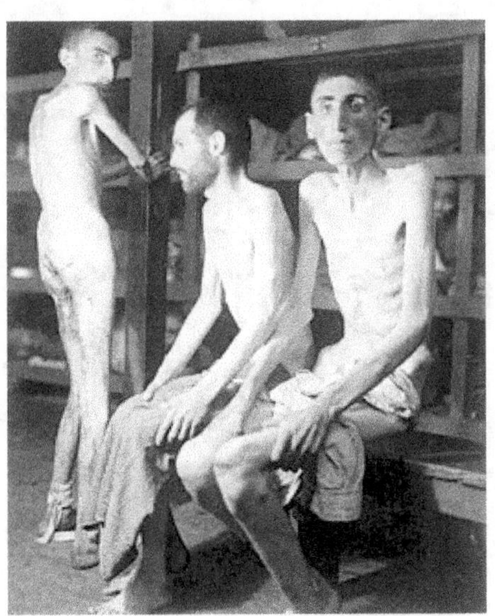

Inizialmente, ciò avveniva ancora con il monossido di carbonio. Sono stati utilizzati speciali *furgoni a gas.* Agli ebrei è stato detto che sarebbero stati "trasportati" con un camion, e poi sono stati introdotti i gas di scarico nello spazio di carico. Il furgone si è poi diretto verso un cimitero di massa.

Una prima sperimentazione dell'insetticida Zyklon B fu condotta ad Auschwitz alla fine di agosto o all'inizio di settembre del 1941. In un seminterrato del Blocco 11, i prigionieri di guerra russi furono ammassati ed esposti allo Zyklon B.

La sua efficacia è stata verificata il giorno successivo, dimostrando che gran parte dei prigionieri erano ancora vivi. Successivamente hanno aumentato la dose. Le SS facevano smaltire i corpi ai prigionieri e li bruciavano nel forno crematorio.

Dopo questo primo esperimento, fu effettuata una seconda gasazione con Zyklon B su un trasporto di prigionieri di guerra russi. Lo Zyklon B era già utilizzato per la disaerazione, ma l'estrema tossicità del farmaco fece venire al comandante in carica di Auschwitz Karl Fritzsch l'idea di utilizzarlo per la gassazione dei prigionieri.

Fine della corsa

Hitler prese la decisione di distruggere l'ebraismo europeo (la cosiddetta *Endlösung der Judenfrage*, o *Soluzione finale del problema ebraico*) con ogni probabilità nel settembre 1941. Alla Conferenza di Wannsee, tenutasi in una villa sul lago di Wannsee vicino a Berlino nel gennaio 1942, si discusse l'attuazione logistica della decisione. Adolf Eichmann, una delle persone più famose coinvolte nell'Olocausto, era uno dei partecipanti.

Da quel momento in poi, si potrebbe parlare di un genocidio pre-pianificato e sistematicamente attuato, nella misura in cui non fosse di fatto già in corso.

Tra l'altro, un genocidio sistematico era già in corso da prima: l'azione dei famigerati *Einsatzgruppen*, che subito dopo l'avanzata della Wehrmacht sul fronte orientale radunarono tutti gli ebrei e i comunisti e li uccisero in esecuzioni di massa. L'organizzazione avvenne per ordine di Berlino e iniziò già nel luglio 1941, quando Hitler invase l'Unione Sovietica.

Campi di sterminio, concentramento e transito

Campi di sterminio

Vennero allestiti campi di sterminio per la *Soluzione Finale*. Questi campi erano destinati all'uccisione deliberata e sistematica. Un campo di sterminio è un campo in cui la maggior parte dei prigionieri veniva gassata subito dopo l'arrivo. Questo destino toccava comunque a malati, anziani e bambini. Ai prigionieri mantenuti in vita venivano affidati diversi compiti con l'obiettivo di far funzionare il campo.

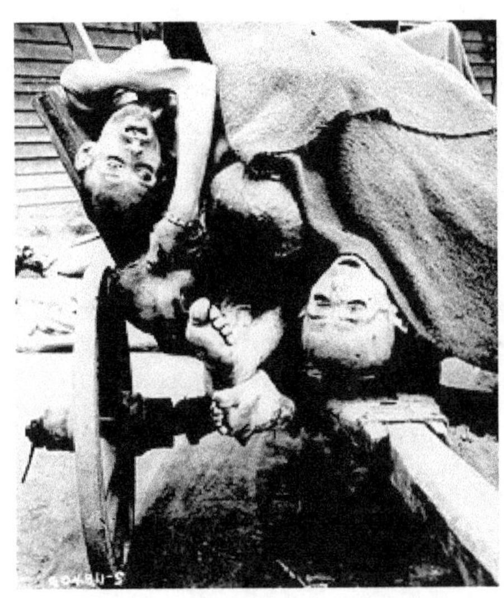

Questi lavori andavano dai lavori forzati al servizio nelle cucine, per esempio. Alla fine, anche questi prigionieri sarebbero stati gassati.

Questi campi si trovavano nel Reich orientale (nell'attuale Polonia) e furono di conseguenza liberati dall'Armata Rossa. In totale, sette campi furono adibiti a campi di sterminio, sei dei quali in Polonia e uno in Bielorussia. Questi sette campi erano:

- Chełmno
- Essere

- Treblinka II
- Sobibór
- Maly Trostenets
- Majdanek, anche campo di concentramento
- Auschwitz II (Auschwitz-Birkenau)

Campi di concentramento

Oltre ai campi di sterminio, i nazisti avevano un gran numero di campi di concentramento, come Dachau (vicino a Monaco) e Buchenwald (vicino a Weimar). Un campo di

33

concentramento non è la stessa cosa di un campo di
sterminio.

Come suggerisce il nome, un campo di concentramento è
un campo di lavoro in cui venivano concentrati i prigionieri.
La maggior parte dei decessi è dovuta al duro lavoro, alla
malnutrizione, alle malattie e ai maltrattamenti. Questi
campi di lavoro possono essere paragonati, ad esempio, ai
cosiddetti "gulag" nella Siberia della Russia sovietica. Negli
anni '40, molti campi di concentramento erano dotati di
camere a gas e anche lì i prigionieri venivano gassati.

Campi di transito

Oltre ai campi di concentramento e di sterminio,
esistevano anche i cosiddetti campi di transito. Si trattava
di campi allestiti per raccogliere le persone e poi
trasportarle settimanalmente in treni speciali verso i campi
di sterminio. Westerbork è un esempio di campo di transito
nei Paesi Bassi.

In Belgio, a questo scopo è stato utilizzato il vecchio
Kazerne Dossin di Mechelen. Circa 65 mila ebrei sono stati
rinchiusi nel campo francese di Drancy, a nord di Parigi,
durante la Seconda guerra mondiale, prima di essere

trasportati nel campo di sterminio di Auschwitz.
Theresienstadt era anche un campo di transito .

Marce della morte

Durante l'avanzata delle truppe sovietiche, gli ultimi campi rimasti, principalmente in Polonia e nella Repubblica Ceca, furono chiusi a partire dalla fine del 1944. Spesso i nazisti decidevano di non lasciare indietro i prigionieri, ma di costringerli a marciare verso ovest.

Chi era troppo debole, troppo vecchio o troppo giovane veniva semplicemente giustiziato. Queste cosiddette marce della morte hanno fatto ancora una volta

35

innumerevoli vittime. Le stime parlano di oltre 250.000 morti.

Atteggiamento nei confronti della persecuzione degli ebrei

La persecuzione degli ebrei e di altri gruppi è stata affrontata in modo diverso nella Germania nazista e nei territori europei occupati dalle potenze dell'Asse, a seconda di una serie di fattori. In alcune regioni, soprattutto dove si è formata un'amministrazione civile e dove hanno governato SS guidate dall'ideologia, la persecuzione è stata portata avanti con più vigore rispetto alle aree con un regime militare, dove era data meno priorità e la resistenza aveva più senso.

Gli ebrei avevano anche maggiori probabilità di sopravvivere in Paesi in cui molti non ebrei cercavano di nascondersi, ad esempio per evitare l'arruolamento negli *Einsatzgruppen*, rendendo più facile l'utilizzo di una rete già esistente.

Laddove i nazisti incontrarono una resistenza attiva o passiva, la persecuzione degli ebrei poté talvolta essere in parte sabotata. Tuttavia, dove la popolazione ha collaborato più attivamente, una percentuale maggiore di ebrei è stata sterminata.

Resistenza ebraica

Gli stessi ebrei si ribellarono più volte. Nel 1943, il ghetto di Varsavia si ribella. Ad Auschwitz, nell'ottobre del 1944, i prigionieri ebrei fecero esplodere un forno crematorio con esplosivi di contrabbando. Nell'ottobre 1943, a Sobibór ci fu un'insurrezione di successo: 11 ufficiali tedeschi delle SS, tra cui il subcomandante, furono uccisi e circa 300 dei 600 prigionieri fuggirono. Circa sessanta di loro sono sopravvissuti alla guerra. L'evasione spinse i nazisti a chiudere il campo, probabilmente per paura di essere scoperti. Nei Paesi Bassi, parecchi ebrei di sinistra (socialisti e comunisti) facevano parte della resistenza. Spesso si rifiutavano anche di indossare l'odiata Stella di Davide.

Il 19 aprile 1943, lo stesso giorno in cui anche il ghetto di Varsavia si ribellò, il 20° convoglio ferroviario fu attaccato in Belgio da tre giovani della Resistenza. Questo trasporto di ebrei era partito da Mechelen con destinazione Auschwitz. Armati di una rivoltella, di una lampada a tempesta e di carta rossa, tre studenti (Georges Livschitz, Robert Maistriau e Jean Franklemon) dell'ateneo di Uccle costrinsero il treno a fermarsi sulla linea ferroviaria

Mechelen-Leuven tra Boortmeerbeek e Haacht. Questo è un fatto unico nella storia dell'Olocausto. In nessuna parte d'Europa un'operazione di liberazione è stata condotta su un trasporto di ebrei durante la Seconda Guerra Mondiale.

Quando si tentò di perseguitare la piccola comunità ebraica in Danimarca, questa fu protetta e infine trasportata in Svezia. La Finlandia, alleata della Germania per motivi opportunistici, si rifiutò di perseguitare o estradare gli ebrei. Il Giappone proteggeva i pochi ebrei che si trovavano in territorio giapponese o occupato. Quando i tedeschi vollero che gli ebrei bulgari indossassero le stelle, l'intera popolazione iniziò a portarle con orgoglio. Anche i tentativi successivi dei tedeschi e degli antisemiti bulgari furono bloccati.

Alcuni personaggi noti che si sono opposti attivamente all'Olocausto:

- Hans Calmeyer
- Giorgio Perlasca
- Witold Pilecki
- Oskar Schindler
- Chiune Sugihara

- Raoul Wallenberg

Ci sono state e ci sono molte speculazioni sulle motivazioni di coloro che hanno opposto resistenza attiva o passiva. La sincera simpatia per i compagni ebrei e l'indignazione per il loro trattamento avranno giocato un ruolo più o meno importante nella maggior parte dei casi. Altri cercavano di mantenere il proprio vicolo pulito e non volevano essere processati come criminali di guerra dopo la guerra. Altri ancora hanno approfittato della situazione e si sono arricchiti sui rifugiati.

Paesi Bassi

Oltre centomila ebrei olandesi, circa il 75% degli ebrei che vivevano nei Paesi Bassi all'inizio dell'occupazione, non sopravvissero alla guerra. Questa percentuale è molto più alta rispetto a quella del Belgio (40%) e della Francia (25%), ad esempio.

Nel dibattito sociale si ritiene spesso che ciò sia dovuto principalmente all'indifferenza dei cittadini olandesi nei confronti della sorte dei loro compatrioti ebrei, ma uno studio storiografico di Pim Griffioen e Ron Zeller, *Persecution of Jews in the Netherlands, France and Belgium, 1940-1945* (Amsterdam: Boom, 2011) ha dimostrato che si tratta di un equivoco.

In realtà, è stata una complessa combinazione di fattori a rendere questo tasso così alto nei Paesi Bassi. Un fattore importante fu che durante gli anni della guerra i Paesi Bassi avevano una *Zivilverwaltung* (amministrazione civile) e non una *Militärverwaltung* (amministrazione militare) come in Belgio e Francia. Di conseguenza, l'amministrazione civile fu formata da SS ideologicamente guidate che volevano procedere con lo sterminio totale degli ebrei. Anche se le proteste pubbliche furono maggiori nei Paesi Bassi, in particolare lo sciopero di febbraio, furono anche represse molto più duramente dalle forze di occupazione.

I funzionari olandesi misero anche a disposizione delle forze di occupazione i registri della popolazione. I funzionari dell'anagrafe li hanno addirittura indicati come "emigrati". Prima dell'analisi dei registri della popolazione da parte dei nazisti, l'allora Ministero degli Interni olandese condusse un'ampia indagine sull'origine storica dei nomi delle famiglie olandesi.

I nomi di famiglia degli ebrei olandesi sono stati inclusi e spiegati in una sezione separata. Una sintesi di questa ricerca è stata pubblicata in forma di libro dal funzionario governativo incaricato dell'indagine anche durante l'occupazione. Il libro stesso non fornisce una chiara indicazione del motivo dell'indagine.

Cinquemila Rom nei Paesi Bassi sono morti per gli effetti della persecuzione zingara.

Belgio

Circa venticinquemila ebrei belgi sono stati vittimizzati, circa il 40% di tutti gli ebrei del Paese. La maggior parte degli ebrei si era trasferita in Belgio dall'Europa dell'Est solo di recente, a causa dell'aumento dell'antisemitismo; erano più diffidenti nei confronti del governo rispetto ai Paesi Bassi.

A differenza dei Paesi Bassi, non c'è stato un grande clamore pubblico contro la persecuzione degli ebrei, ma c'era una vasta rete di clandestini molto prima, dato che il Belgio ha dovuto fornire truppe per l'*Arbeitseinsatz* (lavoro forzato in Germania) già nel 1941, da cui anche i non ebrei hanno cercato di fuggire.

Il numero relativamente basso è dovuto anche al fatto che durante l'occupazione tedesca il Belgio aveva una *Militärverwaltung* (amministrazione militare), che voleva principalmente mantenere l'ordine e la pace e considerava la persecuzione degli ebrei meno importante. La protesta contro di essa, seppur meno forte, ha quindi avuto più effetto che nei Paesi Bassi. Solo nel 1944 l'amministrazione fu trasformata in *Zivilverwaltung* (amministrazione *civile*). Il campo di transito, la caserma Dossin dove gli ebrei venivano raccolti prima di essere trasportati nei campi di sterminio in Polonia, si trovava a Mechelen, a metà strada tra Anversa e Bruxelles, dove viveva la maggior parte degli ebrei.

Lussemburgo

Il Lussemburgo fu inizialmente sotto occupazione militare, che fu sostituita nell'agosto 1940 da un'amministrazione civile sotto Gustav Simon, in una situazione simile a quella dei Paesi Bassi. Il motivo era ideologico: il Lussemburgo era visto dai nazisti come un territorio di etnia tedesca che doveva essere annesso alla Germania.

Dei 3.800 ebrei residenti in Lussemburgo nel 1940, 2.000 fuggirono subito dopo l'invasione, lasciando 1.800 ebrei il 10 maggio 1940. Sono stati sottoposti a divieti professionali e a ogni sorta di altre misure antiebraiche.

Durante il primo anno di occupazione, 619 ebrei vennero espulsi dal Paese dalla Gestapo e deportati in Spagna, ma poiché nemmeno questo Paese li accettava, vennero trascinati da un luogo all'altro. Non è chiaro che fine abbiano fatto, ma è molto probabile che alcuni di loro siano morti a causa delle cattive condizioni.

A partire dall'ottobre 1941, le politiche antisemite di Simon iniziarono a diventare più violente, con la distruzione delle sinagoghe e le deportazioni. Altri 683 ebrei furono deportati, di cui solo 43 fecero ritorno. Il 17 giugno 1943, Simon dichiarò che il Lussemburgo era "judenrein".

Si stima che circa 1.200 ebrei lussemburghesi non siano sopravvissuti alla guerra.

Francia

In Francia, circa il 25% di tutti gli ebrei fu deportato. L'antisemitismo era più forte in Francia che nei Paesi Bassi; di conseguenza, le proteste pubbliche contro le persecuzioni erano minori e il regime di Vichy, che manteneva i poteri civili in tutta la Francia, adottò di propria iniziativa ogni tipo di misura antiebraica. Tuttavia, come in Belgio, i tedeschi nella Francia occupata avevano un'amministrazione militare che non dava priorità alla persecuzione degli ebrei, mentre il sud-est rimaneva militarmente non occupato. Il regime di Vichy si oppose anche quando i nazisti vollero deportare gli ebrei francesi autoctoni nel marzo 1943.

Gli occupanti militari si arresero e, di conseguenza, per mesi non circolarono treni dell'Olocausto dalla Francia verso l'est. Gli ebrei immigrati, invece, furono consegnati ai tedeschi. Dopo l'occupazione della parte non occupata della Francia nel novembre 1942 (Operazione Anton), un gran numero di ebrei si rifugiò nella zona occupata dall'Italia, che però divenne anch'essa insicura quando i tedeschi la conquistarono nel settembre 1943. In seguito, sia gli ebrei francesi che quelli immigrati in Francia furono esposti alla persecuzione fino al crollo dell'autorità tedesca sulla Francia nell'estate del 1944.

Romania

In Romania, la Guardia di Ferro, radicalmente antisemita, formò un governo con l'esercito nel 1940. Questo governo fu caratterizzato da violenze contro gli ebrei, a volte fatali. I disordini furono così gravi che il capo dell'esercito, il maresciallo Ion Antonescu, espulse la Guardia dal governo nel 1941. La Romania si allea con la Germania, ma la situazione sembra migliorare per gli ebrei rumeni e le misure antisemite vengono introdotte solo molto sporadicamente in Valacchia. Tuttavia, questa moderazione era evidente.

Antonescu voleva eliminare gli ebrei dalla società rumena, ma si oppose ai violenti saccheggi della Guardia di Ferro che stavano sconvolgendo il Paese. A tal fine, collaborò, tra gli altri, con Adolf Eichmann. Sebbene Antonescu abbia talvolta fermato i trasporti tedeschi, ha anche permesso che centinaia di migliaia di altri ebrei venissero inviati nei campi di concentramento.

In particolare, nella Moldavia impoverita, la popolazione ha collaborato con entusiasmo alla persecuzione degli ebrei.

Ungheria

L'Olocausto in Ungheria si è svolto in quattro fasi: leggera discriminazione (1920-1938), forte discriminazione (1938-1941), violenza e lavoro forzato (1941-1944), sterminio attivo (1944-1945). L'Ungheria si era ridotta drasticamente dopo la prima guerra mondiale, lasciando la maggior parte delle popolazioni "etniche" non ungheresi fuori dai suoi confini. In questo modo gli ebrei all'interno dei nuovi confini divennero la minoranza più numerosa, con il 5% della popolazione nel 1920.

Essi costituivano una minoranza di grande successo economico: il 60% di tutti i medici, il 51% di tutti gli avvocati, il 39% di tutti gli ingegneri e chimici al di fuori del servizio pubblico, il 34% di tutti gli editori e giornalisti e il 29% di tutti gli artisti si identificavano con l'ebraismo in termini di religione. Ciò provocò invidia tra il resto della popolazione e il Reggente del Reich Horthy si dichiarò apertamente antisemita e li incolpò delle divisioni territoriali dell'Ungheria dopo la Prima Guerra Mondiale.

Un altro fattore fu che figure di spicco della Repubblica Raden ungherese, come Bela Kun, erano di origine (in parte) ebraica.

Già negli anni Venti erano state introdotte misure antisemite, tra cui un numerus clausus per gli ebrei nei corsi universitari: d'ora in poi solo il 5% di tutti gli studenti poteva essere ebreo, in linea con la percentuale di popolazione.

Negli anni Trenta Horthy dovette affrontare le pressioni di un'opposizione sempre più antisemita da parte della Croce Frecciata e dei partiti nazisti minori. Per togliere il vento dalle vele di questi gruppi, Horthy iniziò a perseguire politiche antiebraiche più repressive. Nel 1938 seguì una legislazione antiebraica basata sulle leggi razziali di Norimberga. La prima legge antiebraica (1938) stabiliva percentuali massime per gli ebrei in determinati gruppi professionali. La seconda legge antiebraica (1939) stabiliva che le persone con 2 o più nonni ebrei erano considerate ebree, inaspriva le percentuali massime, le escludeva completamente dal giornalismo e dal governo e negava loro il diritto di voto (già fortemente limitato). La terza legge antiebraica del 1941 vietò i matrimoni e i contatti sessuali degli ebrei con i non ebrei.

Quando nel 1941 l'Ungheria partecipò attivamente alla guerra, nei territori occupati si verificarono atti di violenza palesi. Oltre ad altre minoranze etniche, gli ebrei in particolare ne furono regolarmente vittime. Gli ebrei ungheresi furono costretti a lavorare nella costruzione e nella riparazione di infrastrutture sia in Ungheria che in Unione Sovietica. Circa 42.000 ebrei non sopravvissero a causa delle cattive condizioni e dell'omicidio deliberato da parte delle guardie ungheresi.

Quando Horthy tentò di arrendersi agli Alleati nel 1944, il Paese fu occupato dai tedeschi, che lo costrinsero a partecipare alla deportazione degli ebrei ungheresi.

Questi iniziarono nel marzo 1944 e 400.000 ebrei furono deportati nei campi di sterminio solo tra il 15 maggio e il 30 giugno 1944. Alla fine Horthy fu costretto a nominare Ferenc Szálasi, leader del movimento fascista della Croce Frecciata, come primo ministro, dopodiché fu costretto a dimettersi e imprigionato. Szálasi, mentre le truppe sovietiche invadevano l'est del Paese e assediavano

Budapest, in collaborazione con Adolf Eichmann, negli ultimi mesi di guerra inviò altri 80.000 ebrei nei campi di sterminio, dove morirono quasi tutti. Inoltre, 15.000 ebrei, comunisti e altri oppositori furono uccisi direttamente sul posto dai crociati.

In definitiva, secondo varie stime, tra 80.000 e 255.000 degli 861.000 ebrei in Ungheria e nei territori occupati dai servizi sarebbero sopravvissuti alla guerra. In questo modo l'Ungheria ha registrato uno dei tassi di sopravvivenza più bassi d'Europa.

Stati baltici

Negli Stati baltici, la popolazione si è vendicata per l'appoggio di molti ebrei agli occupanti russi, e quindi comunisti.

Inoltre, sia in Romania che negli Stati baltici, la popolazione era consapevole del gran numero di membri ebrei dei partiti comunisti.

Unione Sovietica

Sebbene l'antisemitismo fosse prevalente nell'Unione Sovietica, gli ebrei non venivano discriminati legalmente perché non era in linea con l'ideale bolscevico di uguaglianza. Si stima che circa 4 milioni di ebrei vivessero nelle aree occidentali dell'Unione Sovietica che sarebbero state occupate dalla Germania e dagli alleati di servizio, l'ex regione del Polo.

Circa 3 milioni di ebrei riuscirono a fuggire in tempo verso est. Il restante milione fu esposto a massacri orchestrati dalle cosiddette Einsatzgruppen. Una parte della popolazione era favorevole agli occupanti tedeschi e sosteneva queste azioni o vi partecipava attivamente. D'altra parte, c'erano anche molti che aiutavano gli ebrei.

Alcuni ebrei furono vittime di massacri come quello di Babi Yar, mentre altri furono inviati nei campi di sterminio. Molti ebrei si unirono ai partigiani e sabotarono le attività di guerra e di occupazione tedesche e le misure contro i loro compagni ebrei. Le stime sul numero di ebrei uccisi in Unione Sovietica rimangono poco chiare e variano ampiamente; si ritiene che almeno 700.000 ebrei sovietici abbiano perso la vita.

Danimarca

In Danimarca la resistenza alla deportazione degli ebrei fu
più forte. Dopo che nel settembre 1943 si seppe che si
stava preparando la deportazione della popolazione
ebraica in Danimarca, si scatenò spontaneamente
un'operazione di salvataggio su larga scala a cui
parteciparono tutti i settori della popolazione. Un enorme
allarme fu lanciato attraverso sinagoghe, medici, pastori e
studenti che informarono nuovamente gli ebrei.

Gli ebrei furono raccolti e trasportati sulle coste danesi con
tutto ciò che aveva le ruote. Gli ebrei furono poi portati da
pescatori su barche attraverso l'Øresund verso la neutrale
Svezia, con la quale i danesi avevano già concordato di
accogliere gli ebrei danesi. Prima della guerra, la comunità
ebraica danese era composta da 8.200 persone, di cui
oltre il 95% è sopravvissuto ai nazisti. Dopo la guerra, gli
ebrei danesi tornarono in patria e trovarono le loro case e
le loro proprietà esattamente come le avevano lasciate.

Croazia

In Croazia, gli ebrei sono stati violentemente perseguitati dal regime ustascia, radicalmente antisemita. Tuttavia, molti riuscirono a fuggire nei primi due mesi di occupazione, poiché i croati si concentrarono innanzitutto sullo sterminio e sull'assimilazione dei serbi, di cui più di mezzo milione scomparve.

Molti ebrei fuggirono nei territori occupati dall'Italia, poiché le autorità italiane non attuarono le misure antisemite di Mussolini o lo fecero a metà. Gli ebrei che rimasero, tuttavia, caddero preda della violenza croata, dopodiché vennero inviati nei campi di concentramento con efficienza tedesca. Quando l'Italia capitolò nel 1943, la Croazia occupava ancora queste aree e gli ebrei che non riuscirono a fuggire in tempo furono ancora deportati.

Italia

In Italia, la maggior parte dei comandanti dell'esercito e dei funzionari di polizia si rifiutò di perseguire gli ebrei. La maggior parte delle perdite si verificò dopo la resa italiana dell'8 settembre 1943. Dei circa sessantamila ebrei italiani prima della guerra, quasi ottomila persero la vita, la maggior parte nel campo di concentramento di Auschwitz.

Albania

L'Albania è l'unico Paese in cui, dopo la Seconda Guerra Mondiale, vivevano più ebrei di prima. Il Paese formò un'unione personale con l'Italia, la quale, pur discriminando gli ebrei, si dimostrò per il resto poco incline alla persecuzione. Il governo albanese si rifiutò di consegnare i nomi della popolazione ebraica agli occupanti tedeschi e i rifugiati ebrei provenienti dall'Austria e dai Paesi balcanici furono accolti con ospitalità.

Bulgaria

La Bulgaria era alleata con la Germania per motivi opportunistici, e anche lì c'era sicuramente un terreno di coltura antisemita. Inizialmente, i bulgari non erano restii ad accogliere i tedeschi. La politica antisemita iniziò con le incursioni nei territori occupati, durante le quali alcune migliaia di persone furono inviate nei campi di concentramento. Nella "vecchia Bulgaria", gli antisemiti e i tedeschi cercavano di far indossare agli ebrei le Stelle di Davide, come nel resto d'Europa.

L'operazione è fallita perché l'intera popolazione ha iniziato a indossare questo orgoglio. Un tentativo di deportare diverse centinaia di ebrei bulgari verso i campi di sterminio si arenò nei pressi della città portuale bulgara di Samovit: la popolazione bulgara organizzò manifestazioni di massa e il trasporto fu annullato. Infine, a partire dal 1943, il re bloccò personalmente i tentativi di deportazione degli ebrei, in parte perché riconosceva che l'Asse avrebbe perso la guerra.

Giappone

Diverse migliaia di ebrei vivevano in Giappone e nei
territori occupati dal Giappone. La Cina possedeva già una
piccola comunità ebraica, alla quale si aggiunsero i
commercianti e i rifugiati russo-ebraici della Manciuria.
Sebbene il Giappone fosse un alleato della Germania,
seguiva la propria agenda in Asia, nella quale
l'antisemitismo non trovava posto. In effetti, molti funzionari
giapponesi videro l'opportunità di sviluppare i territori
occupati con l'aiuto degli ebrei e del capitale ebraico.
Alcuni diplomatici cinesi e giapponesi in Europa, come
Chiune Sugihara, furono in grado di rilasciare visti di
transito per i rifugiati ebrei fino alla fine del 1940. Tra il
1938 e la fine del 1941, circa 20.000 rifugiati ebrei
provenienti dall'Europa arrivarono nella Shanghai
occupata.

A partire dal 1942, la Germania aumentò le pressioni sul
Giappone affinché consegnasse loro gli ebrei presenti a
Shanghai o prendesse parte attiva all'Olocausto stesso.
Non volendo adeguarsi, il Giappone sviluppò una politica
più repressiva nei confronti degli ebrei. Nel febbraio 1943,
ad esempio, decise di ospitare tutti gli ebrei arrivati in città

dopo il 1937 in quello che sarebbe diventato il ghetto di Shanghai. Inoltre, soprattutto dopo l'invasione tedesca dell'Unione Sovietica, fu dato maggiore spazio alle campagne antisemite e antisovietiche degli anticomunisti e dei fascisti russi sia in Manciuria che a Shanghai. Molti ebrei della Manciuria si sentirono minacciati da queste vessazioni e finirono anch'essi a Shanghai, e quindi nel ghetto. Le condizioni dei rifugiati ebrei nel ghetto erano pessime. Nell'inverno del 1943 il cibo era insufficiente. Il ghetto fu liberato dalle truppe di Chiang Kai-shek il 3 settembre 1945. Dopo la creazione dello Stato di Israele nel 1948, quasi tutti i residenti lasciarono il ghetto. Alla fine, circa 2.000 persone morirono nel ghetto.

Deflusso e conseguenze

Nel 1944 e 1945, tutti i campi furono liberati dalle truppe alleate. I prigionieri sono stati nutriti e hanno ricevuto cure mediche, ma la stragrande maggioranza di essi non ha ancora potuto fare immediatamente ritorno alle proprie case a causa di ogni tipo di difficoltà legale, logistica e infrastrutturale. Migliaia di sopravvissuti rimasero nei campi per sfollati fino al 1947, finché non vennero accolti da un Paese o riuscirono a ottenere di propria iniziativa una nuova casa e nazionalità.

Emigrazione

Molti ebrei non volevano più tornare nelle società da cui erano stati sradicati o espulsi e cercarono rifugio nell'Aliyah Bet: si allontanarono dall'Europa verso il Territorio Mandatario Britannico della Palestina, sperando di stabilirvi uno Stato nazionale.

Tuttavia, ciò portò presto a conflitti con la popolazione arabo-musulmana della Palestina. La risoluzione 181 delle Nazioni Unite prevedeva una soluzione a due Stati e nella guerra del 1948 il neonato Stato ebraico di Israele riuscì a conquistare più della sua parte di territorio. Sebbene questo abbia realizzato una terra per gli ebrei, ha anche creato il conflitto arabo-israeliano.

Processo

Gli Alleati decisero di processare congiuntamente i principali leader del regime nazista nei processi di Norimberga e in diversi altri processi (dal settembre 1945 al dicembre 1949); *il* processo di Norimberga (20 novembre 1945 - 1° ottobre 1946) incriminò 24 leader del NSDAP. A tal fine, furono redatti i principi di Norimberga, necessari per affermare che il diritto internazionale aveva

65

la precedenza sul diritto nazionale, poiché molto di ciò che i nazisti avevano fatto era legale secondo la legge tedesca dell'epoca.

Anche se qualcosa sarebbe legale o non punibile secondo la legge nazionale, si riconosceva l'esistenza di principi fondamentali "superiori" a cui attenersi. È stato inoltre osservato che l'argomentazione secondo cui "stavo solo eseguendo degli ordini" ("Befehl ist Befehl") non assolveva

66

qualcuno dalla responsabilità di un reato, anche quando l'ordine proveniva da un'autorità (all'epoca) competente e riconosciuta.

Proprietà ebraica

Tra coloro che sono tornati dai campi, molti hanno trovato le loro case occupate e i loro beni espropriati.

Ma pochi sono riusciti a riavere la loro proprietà e solo dopo anni di controversie. Il governo tedesco ha effettuato pagamenti allo Stato di Israele attraverso il *programma Wiedergutmachung.*

67

Impatto sul diritto internazionale

L'Olocausto ha avuto anche importanti conseguenze sul piano del diritto internazionale. Nel nuovo organismo politico consultivo globale, le Nazioni Unite, è stato raggiunto un consenso sul fatto che un simile crimine contro l'umanità non dovrebbe mai più rimanere impunito.

Il 9 dicembre 1948, l'ONU ha adottato la Convenzione sul genocidio: tutti i Paesi firmatari si sono così impegnati a intervenire militarmente per porre fine o prevenire un genocidio.

La Quarta Convenzione di Ginevra del 1949 stabiliva in modo più dettagliato i diritti dei civili e dei soldati in conflitto e il dovere delle parti belligeranti di attenersi a determinati standard, che la comunità internazionale avrebbe fatto rispettare.

Discussioni sul dopoguerra

Dopo la guerra, numerosi aspetti dell'Olocausto sono stati oggetto di un ampio dibattito pubblico e accademico su questioni quali il perché e il come sia accaduto esattamente e quali conclusioni si debbano trarre.

Conoscenza contemporanea dell'Olocausto

Una delle grandi controversie riguarda quale parte della popolazione tedesca in particolare fosse a conoscenza dei campi di concentramento e di ciò che vi accadeva già durante la guerra, in che misura.

Quando, dopo la guerra, la portata dell'Olocausto venne gradualmente alla luce, alcuni tedeschi affermarono di non esserne a conoscenza (*Wir haben es nicht gewußt*, "*Non lo sapevamo*"), anche se essi stessi vi avevano partecipato direttamente o indirettamente.

Domanda sul senso di colpa

Strettamente legata alla questione di chi sapeva cosa dell'Olocausto è la questione di chi esattamente dovrebbe essere incolpato (e quindi punito) per esso. Secondo la *tesi della Kollektivschuldt* (introdotta dallo psicoanalista svizzero Carl Gustav Jung), l'intero popolo tedesco era da biasimare, indipendentemente dal fatto che conoscesse o meno i dettagli della persecuzione sistematica degli ebrei e di altre persone, o che vi avesse collaborato. Altri ritengono che la colpa sia solo di coloro che ne erano a conoscenza e che hanno collaborato consapevolmente. C'è anche la questione della misura in cui "Befehl ist befehl" può assolvere qualcuno dalla responsabilità. In diversi processi del dopoguerra, gli Alleati decisero infine di processare solo i vertici assoluti del regime nazista.

Durante il processo penale tenutosi a Gerusalemme ad Adolf Eichmann, uno dei principali organizzatori

70

dell'Olocausto, la scrittrice ebrea americana Hannah Arendt rimase colpita dal fatto che Eichmann non apparve come un mostro raccapricciante, ma come una piccola persona insignificante, che tuttavia sembrava essere in grado di ideare i metodi con cui uccidere molti milioni di ebrei.

La tesi di Arendt sulla "banalità del male" è che il male è qualcosa di banale, qualcosa che le persone spesso scrollano senza pensare a quanto immorale stiano effettivamente facendo.

Gestione dei sinistri

Dopo la guerra, le autorità della Germania occidentale svilupparono dei sistemi di compensazione per indennizzare le vittime dell'Olocausto e i loro parenti per le perdite subite. Chi fosse esattamente eleggibile, e in che modo, era oggetto di dibattito. Nella Repubblica Democratica Tedesca non esisteva alcun regime fino al 1966.

Il politologo ebreo-americano Norman Finkelstein, egli stesso figlio di sopravvissuti all'Olocausto, ha scritto nel 2000 il libro *L'industria dell'Olocausto*, denunciando le pratiche volte ad abusare di questi sistemi di risarcimento.

Secondo lui, ci sono molti individui che affermano falsamente di essere vittime o sopravvissuti, o che esagerano le loro sofferenze a scopo di lucro. Inoltre, il senso di colpa europeo per l'Olocausto sarebbe ingiustamente sfruttato per mettere a tacere qualsiasi critica a Israele o alla comunità ebraica americana. I musei dell'Olocausto cercano anche di monopolizzare la sofferenza degli ebrei, escludendo altri gruppi di vittime.

Beni ebraici
72

Solo negli anni Novanta la questione dei beni di guerra ebraici è stata messa all'ordine del giorno nei Paesi Bassi e all'estero. Sono stati indagati i beni depredati agli ebrei durante la Seconda Guerra Mondiale, i conti bancari inattivi e le polizze assicurative. Nei Paesi Bassi si è giunti alla conclusione che l'importo totale in questione era di 346,7 milioni di euro, ma che non era più possibile rintracciare i singoli beneficiari di questi fondi o i loro parenti più prossimi.

Questi cosiddetti "fondi maror", che prendono il nome dall'amaro maror, sono stati distribuiti a tutti gli ebrei olandesi tramite una chiave di distribuzione intorno all'anno 2000 e utilizzati in parte per scopi sociali ebraici.

Arte predatoria

Le opere d'arte e gli altri oggetti di valore che gli ebrei residenti nei Paesi Bassi dovettero consegnare alla Banca Liro per ordine dei nazisti finirono in vari musei dopo la guerra e, in un caso, persino alla casa reale. Fino al 2015, solo poche di queste opere sono state restituite ai loro eredi legali. A volte il comune aveva acquistato il lavoro da un membro dell'NSB. Solo 70 anni dopo la guerra ci si rese conto che i comuni e i musei stessi avrebbero dovuto indagare attivamente sulla provenienza delle opere acquisite in quel periodo.

Un'altra questione in corso nel XXI secolo è quella dei circa 1.200 dipinti di proprietà del mercante d'arte ebreo Jacques Goudstikker, che fu costretto a vendere a Hermann Göring sotto costrizione. Solo nel 2006 il governo olandese ha deciso di restituire 202 opere per "motivi morali" all'erede di Goudstikker, morto durante la fuga dai Paesi Bassi nel 1940.

Nel 2015, tuttavia, l'ultima erede di Goudstikker è ancora in causa per riavere le opere, che sono finite in ogni tipo di museo dentro e fuori i Paesi Bassi.

Negazione dell'Olocausto

Alcuni gruppi negano che l'Olocausto abbia avuto luogo. Questi negazionisti dell'Olocausto sono anche chiamati negazionisti.

Alcuni negazionisti sostengono che il numero di vittime ebree tradizionalmente citato non è corretto. Secondo loro, gli ebrei uccisi sono stati molto meno di sei milioni e la maggior parte delle vittime è stata causata dalla fame e dall'insorgere di malattie come il tifo e il colera.

Si sostiene inoltre che le camere a gas (sia mobili che fisse) fossero utilizzate solo a scopo di disinfezione.

Negare, banalizzare o condonare l'Olocausto è illegale e punibile in Germania, Belgio, Francia, Australia, Canada, Svizzera, Polonia, Ungheria e Israele, tra gli altri.

L'11-12 dicembre 2006, invece, l'Iran ha organizzato una conferenza sulla negazione dell'Olocausto.

L'allora presidente Mahmoud Ahmadinejad aveva fatto diversi commenti sull'Olocausto che erano stati condannati in altri Paesi. Alla conferenza hanno partecipato anche intellettuali ebrei.

Historikerstreit

Nel 1986 si è svolto un acceso dibattito tra gli storici tedeschi su come collocare l'Olocausto in un contesto storico più ampio. Ernst Nolte riteneva che l'Arcipelago Gulag e gli omicidi di massa commessi dall'Unione Sovietica fossero altrettanto gravi dell'Olocausto e che il popolo tedesco non dovesse sentirsi particolarmente in colpa per quanto accaduto.

Jürgen Habermas non è d'accordo e rimprovera a Nolte di aver cercato di banalizzare l'orrore dell'Olocausto.

Archivio

I tedeschi stessi hanno conservato gli archivi delle vittime dell'Olocausto. Gli archivi tedeschi sono particolarmente dettagliati perché i nazisti tenevano registrazioni accurate di tutte le informazioni. Molte prove d'archivio e di altro tipo sono state distrutte dall'Operazione Sonderaktion 1005.

Su di essa si basa, tra l'altro, l'indagine olandese *In Memoriam* con i nomi di 100 mila ebrei uccisi. Inoltre, i nomi delle vittime ebree sono inclusi nel monumento ebraico.

La città tedesca di Bad Arolsen, in Assia, ospita l'enorme archivio (circa 47 milioni di articoli, circa 6 case piene di carta). Questo archivio contiene informazioni su 17,5 milioni di persone e riempie più di 27 chilometri di scaffali. Si tratta di elenchi, inventari, descrizioni di persone, rapporti di esperimenti medici, regolamenti, ecc.

In particolare, l'intera burocrazia del terrore che gli ordinati nazisti mantenevano per la loro macchina di lavoro forzato, deportazione e sterminio. Qui si trovano gli archivi completi dei campi di concentramento di Buchenwald e Dachau. Le dimensioni sconcertanti della guerra e della macchina da guerra tedesca guidata dal servizio civile diventano evidenti.

Il "Servizio Internazionale di Rintracciamento", un ramo della Croce Rossa, gestisce gli archivi. Questo servizio è stato istituito nel dopoguerra per rintracciare le persone scomparse. Era utilizzato soprattutto dai sopravvissuti che avevano bisogno di prove per ottenere i sussidi. Gli archivi sono stati inoltre tenuti chiusi per motivi di privacy, anche per i ricercatori, perché i documenti contenevano informazioni sensibili sugli individui, come le proprie convinzioni politiche, i collaboratori ebrei e il modo in cui erano stati indotti a farlo, chi aveva i pidocchi, quali esperimenti medici erano stati condotti, la natura della disabilità mentale, chi era accusato di omosessualità, incesto o pedofilia.

C'era anche il timore tedesco di un'azione legale in caso di divulgazione delle informazioni. La possibilità di un'azione legale è scaduta.

Quando gli storici consultano l'archivio non si aspettano notizie fondamentali che aggiustino la storia dell'Olocausto. I ricercatori sperano di trovare ulteriori dettagli per ricostruire la storia dell'orrore.

Il 24 aprile 2007, il Parlamento belga ha ratificato il Protocollo che consente a scienziati e ricercatori di accedere agli archivi della deportazione della Seconda Guerra Mondiale a Bad Arolsen, in Germania. L'apertura degli archivi è stata decisa dopo i negoziati tra gli Stati membri della Commissione internazionale del Servizio investigativo internazionale. Il Belgio, insieme a Paesi Bassi, Lussemburgo, Germania, Francia, Gran Bretagna, Italia, Israele, Stati Uniti d'America, Grecia e Polonia fanno parte di questa Commissione internazionale.

L'archivio è stato aperto ai ricercatori e al pubblico in generale alla fine di novembre 2007.

Il 7 ottobre 2013, il Fritz Bauer Institut di Francoforte ha reso disponibili in formato digitale le dichiarazioni dei

78

testimoni del primo processo di Auschwitz tenutosi a Francoforte (1963-1965).